일상을 위한 기도

그리운 하나님

prologue

　돌아보면 어릴 적 참 잔인하기도 했다. 마땅히 놀거리가 없던 시절, 나는 종종 개미들끼리 싸움을 붙이곤 했다. 어떻게 알았는지 지금은 기억이 나지 않지만, 같은 굴에서 살아가는 개미들을 서로 싸우게 만드는 방법을 어린 나는 용케 알고 있었다. 한 가족을 이루며 지내는 개미들은 절대 사로 싸우지 않는다. 하지만 더듬이를 떼어내고 서로 엉겨붙이면 독하게 상대를 물기 시작한다. 튼튼한 이빨로 한 놈이 죽을 때까지 전투는 계속된다.

　가끔 뉴스를 보거나 SNS를 하다보면, 그 어린 시절 개미 싸움이 생각난다. 다른 이들의 숨통을 끊기 위해 눈에 불을 켜고 달려드는 사람들. 도대체 무엇이 잘려나갔기에 많은 이들이 개미 싸움에 뛰어든 것일까.

　기독교에서 말하는 영성은 일종의 더듬이다. 영성은 하나님과 나,

나와 너, 그리고 나와 세상 모든 창조물들 사이를 서로 잇대어주는 보이지 않는 감각이다. 영성은 하나님의 멈추지 않는 은총을 언제 어디서나 느끼도록 해주며, 하나님께서 창조한 모든 것 속에서 그분의 아름다움을 체험할 수 있도록 이끈다. 더욱이 하나님의 형상으로 창조된 우리의 이웃들과 서로 참되게 사랑할 수 있도록 인도한다.

  더듬이를 잃은 개미가 짙은 어둠 속에서 불안에 떨며 자신에게 다가오는 모든 것을 가리지않고 난폭하게 공격하듯, 영성이 무뎌지면 하나님을 향한 감각이 사라져 두려움 속에서 닥치는대로 폭력을 휘두르게 된다. 하나님에 대한 결핍을 채우기 위해 보이는 무언가를 우상으로 만들어 섬기며, 권력을 통해 다른 이들을 지배하는 것으로 비어진 감각을 채우려 한다. 하지만 잃어버린 영성의 자리는 그 어떤 것으로도 채울 수 없다.

  기도는 우리의 잃어버린 영성을 회복시키는 중요한 은총의 수단이다. 기도는 하나님과 소통할 수 있는 공간을 열어준다. 처음에는 낯설고 서먹하지만, 조금씩 익숙해지면 어느새 생생한 감각으로 하나님 앞에 홀로 설 수 있게 된다. 그 분과 충분히 가까워졌을 때, 비로소 잃어버렸던 더듬이가 회복된다. 결핍에 의한 욕망에 따라 중언부언 하기 보다 하나님께서 원하시는 것에 관심가지며 올바른 고백과 간구를 드리기 시작한다.

  그렇게 기도는 그리움이 물든 자리를 설렘으로 채색한다. 그 무엇으로도 채워지지 않았던 우리의 결핍이 하나님의 부드러운 숨결로 메

워진다. 무언가를 그리워하면서도 그 그리움이 무엇을 향하는 것인지 알지 못해 절망했던 이들의 심연에 기도의 낱알은 새로운 희망의 새싹으로 움이 튼다. 더듬이를 잃어버린 채 방황하던 이들을 한없이 그리워하시는 하나님. 때론 고독으로 때론 외로움으로 세상을 바라보시던 하나님께 기도는 그 무엇보다도 반가운 전보이다.

이천 년 역사 속에서 기도는 기독교를 지탱해온 척추이다. 눈에 띄게 보이지는 않지만, 고난과 시험의 중력을 이기며 현실의 땅을 밟고 일어서 희망의 하늘을 바라보게 하는 등뼈이다. 초대교회부터 오늘날에 이르기까지 기도자들의 고백과 간구는 시대의 뼈마디를 이루며 좌로나 우로나 치우치지 않고 균형있게 하나님 나라를 향해 걸어가도록 중심을 잡아주었다.

이 책은 1-2세기 초대교회 교부들부터 20세기 신앙의 선배들에 이르기까지 다양한 시대의 기도문들을 수록했다. 각 기도문 말미에는 기도의 배경을 이해하는데 도움이 되도록 간단하게 기도문 저자에 대한 설명을 덧붙였다. 하지만 기도문들을 연대기 순으로 엮어내지는 않았다. 주제와 흐름에 맞춰 순서를 정하였다. 기도문은 다양한 저서들에서 발췌해 번역하였으며, 뜻을 크게 벗어나지 않는 한에서 운율에 맞춰 의역을 하였다. 기도문의 내용을 한 눈에 알 수 있도록 제목을 붙였다.

도서관에 꽂힌 책들 사이에서 바스러질듯 오래된 책장을 넘기며 옛 신앙인들의 고백과 간구를 눈과 가슴으로 읽어내려가던 시간들은 내

겐 매우 값진 순간이었다. 그 귀한 은혜를 이 책을 읽는 분들과 함께 나누기 위해 최선을 다했다. 이 기도문들을 통해 일상 속에서 참되게 우러나는 진솔한 기도들이 오늘의 우리 세상을 아름답게 채워나갈 수 있길 간절히 기도한다.

2020년 1월 캐나다 사스카툰에서

황민혁

prayer

지금이 마지막인 것처럼 . 12
새로운 하루 . 14
오늘 하루 작은 일들 . 16
하루의 시작과 끝에서 . 17
일상 속 주님 . 18
아픈 이들 속에 계신 주님 . 20
영혼의 집 . 22
세 가지 상처 . 23
그것으로 충분합니다 . 24
주를 향한 마음과 행동 . 25
주만 바라볼 수 있도록 . 27
어둠으로부터 자유 . 28
희망을 향한 용기 . 29
작은 배 위의 이방인 . 30
당신의 얼굴 . 32
당신께 다가가는 길 . 33
우리 모두 이겨낼 때까지 . 34
당신과 함께 라면 . 36
너른 바다 한 가운데서 . 38
부와 가난, 그리고 망각 . 39

올바른 간구 . 42

기쁨으로 하는 사역 . 43

용기, 지혜, 능력 . 44

마음 속 불꽃 . 45

문지기가 되어 . 46

축복의 통로 . 48

고요한 호수처럼 . 50

당신의 손으로 . 51

참된 마음 . 52

문을 위한 기도 . 54

날마다 당신을 생각하며 . 56

온 삶이 그리스도 안에서 . 58

고요한 이슬처럼 우리 마음에 . 60

순교자의 기도 . 61

그리스도인으로 살기 위해 . 62

그리스도 예수 안에서 . 63

주의 그릇이 되어 . 65

사랑과 구원의 품으로 . 66

주를 따르는 삶 . 67

하나됨을 위하여 . 68

평화의 주님 . 70

정의와 진리의 나라를 향해 . 71

참된 행복 . 74

평화, 인내, 기도 . 76

이웃 사랑을 통하여 . 78

진리의 깨우침 . 80

앎과 믿음 . 82

새로운 앎과 오래된 지혜 . 84

자연의 조화를 통해 당신의 은총을 . 86

도움 주는 삶 . 88

어려움을 넘어서도록 . 89

힘든 이들의 도움과 방벽 . 90

슬픔의 그늘을 벗어나도록 . 91

아픈 이들을 위하여 . 92

가난한 이를 위하여 . 94

노동자를 위하여 . 96

아이를 위하여 . 98

동물을 위하여 . 100

목회자를 위하여 . 101

사업가를 위하여 . 102

사랑하는 이를 떠나보내며 . 104

우리의 잃어버린 얼굴을
그리워 하시는 하나님

지금 이 순간을 위한 기도

기도는 사라진 과거의 상처를 씻고
도래하지 않은 미래에 대한 두려움에서 벗어나
한 번뿐인 지금 이 순간을
사랑하기 위한 영적 몸부림이다.

지금이 마지막인 것처럼

어느 누가 오늘 일어날 일에 대해 말 할 수 있겠습니까?

자비하신 하나님,
오늘의 끝을 알 수 없으니,
매일 매일이 마지막인 것처럼 살게하소서.

죽음이 닥칠 때
가슴을 치며
아쉬워할 일들을
지금 이 순간 후회없이 실천하게 하소서.

오 주님,
죽음의 순간에
마음에 걸리는 그 어떤 죄책감이나
고백하지 않은 그 어떤 죄악도
남아 있지 않게 하시고,
오직 구원자이며 구세주 되시는
그리스도 안에 머물러 있게 하소서.

토마스 아 켐피스(1380-1471)는 중세 시대 독일에서 수도사로 평생 헌신하며 살았다. 교회가 막대한 권력을 행사하며 수많은 부정부패와 악행으로 전 유럽을 어둠 속에 몰아 넣고 있었을 무렵, 그는 스스로 청빈과 순결의 삶을 선택하여 노동과 기도를 통해 그리스도를 본받고자 노력했다. 하루 하루를 마지막 날인 것처럼 살길 간구하는 그의 기도는 우리에게 거울이 되어 미처 발견하지 못했던 삶의 군더더기들을 비춰 볼 수 있는 기회를 준다.

새로운 하루

전능하신 하나님.
이 땅에서 보내게 될 또 다른 하루를 허락하신 당신께
감사를 드리며 찬송합니다.

지금 이 순간, 오늘 하루를 어떻게 보낼지
망설이며 기도합니다.

우리의 날들은 당신의 것이니
주를 위해 쓰여지게 하소서.

우리의 날들은 영원하지 않으니
소중히 쓰여지게 하소서.

우리 뒤에 어두운 날들이 있었습니다.
우리의 죄를 용서하여 주소서.

우리 앞에 어두운 날들이 찾아올 것입니다.
유혹에 넘어가지 않게 힘을 주소서.

우리에게 주어진 이 한날,
오늘 하루에 환한 빛을 비춰주소서.

주님,
이제 하루 일과를 시작하려 합니다.
그 안에서 기쁨을 발견할 수 있도록 도와주소서.

우리가 마땅히 해야할 일을 분명히 알려주시고,
그 일을 믿음으로 잘 해 낼 수 있도록 도와주소서.

당신이 원하시는 대로
오늘의 일이 순조롭게 마무리되도록 도우소서.

일 할 수 있는 능력을 주시고
참을 수 있는 인내를 주시며
실패하지 않도록 용기를 주소서.

조지 도슨(1821-1876)은 19세기 영국 출신 개신교 설교가이며 교육자이다. 문학과 역사에 조예가 깊어 영국에서 가장 위대한 이야기꾼이라고 불리기도 했다. 특히 그는 복음을 통해 지역 사회를 변화시키고 이웃 사랑을 실천해야 한다는 점을 강조했다. 이 기도문을 통해 도슨은 하나님의 뜻을 세상에 실천하기 원하는 그리스도인으로서 하루 한 날의 소중함을 고백하고 있다.

오늘 하루 작은 일들

하나님.

오늘을 살아가면서 해야 할
작은 일들에 불을 밝혀주소서.

당신의 얼굴이 품고 있는 아름다움으로
그 작은 일들이 빛나게 하소서.

평범한 일과 속에 당신의 영광이 깃들어 있다는
진리를 믿게 하소서.

존 헨리 조웻 (1864-1923)은 영국에서 활동한 장로교회 목사이다. 그의 가장 큰 화두는 '일상 속에서 어떻게 그리스도인으로서 경건한 삶을 살 수 있을 것인가'였다. 이 기도문은 거룩한 삶을 살아가기 위한 기본 원칙이 무엇인지 간결하지만 매우 명확하게 보여준다. 큰 일이 아니라 작은 일, 특별한 일이 아니라 평범한 일 속에서 하나님의 은혜를 발견하고 그 일들을 충실히 해내는 것. 그것이 바로 일상 속에서 참된 그리스도인으로 살아가는 길이라고 그는 고백하고 있다.

하루의 시작과 끝에서

주님.

어두움이 짙어지고 저녁이 다가오며
바쁜 세상이 고요해지고 삶의 열기가 가라앉는
오늘 마지막 때까지
이 긴 하루를 살아갈 힘을 주소서.

일과 후에 돌아갈 안전한 보금자리를 허락해주시고
경건한 쉼을 통해 평화로운 시간을 가질 수 있게
우리에게 자비를 베푸소서.

존 헨리 뉴먼 (1801-1890)은 19세기 영국 출신의 가톨릭 추기경이자, 교회 개혁 운동에 앞장섰던 신학자이며 시인이다. 옥스포드 대학교 교수이자 영국 성공회 사제였던 그는 자신의 인생 중반 무렵 가톨릭으로 개종하면서 영국 사회에 큰 충격을 던졌다. 뉴먼은 신앙과 이성의 조화를 강조하며 전통과 현대 신학이 서로 건강하게 접붙여지도록 노력했다. 신념에 따라 살아가기 위해 자신과의 고독한 싸움을 계속해야 했지만, 그는 욕망의 속삭임에 휘둘리지 않고 주어진 일에 최선을 다하기 위해 낮에는 일할 수 있는 능력을, 밤에는 경건하게 쉴 수 있는 환경을 간구하며 기도했다.

일상 속 주님

어디서든 자신을 드러내 보이시는 주님,
우리의 일상에서 당신을 찾길 원합니다.

집에서든, 들판에서든
성전에서든, 도로 위에서든
어디서든 당신을 찾길 원합니다.

먹을 때나, 마실 때나
글을 쓰거나, 글을 읽거나
묵상을 하거나, 기도를 하거나
무엇을 하던 당신과 함께 하길 원합니다.
어디에 있던, 무엇을 하던
당신의 자비와 사랑을 맛보게 하소서.

억압 당할 때 보호해주시고,
굶주릴 때 먹여주시며,
부족할 것이 있을 때 채워주소서.

우리를 향한 당신의 선하심과 인자하심이
영원하길 기도합니다.

존 노든(약 1547–1625)은 지도 연구와 제작, 역사 유물 수집, 그리고 작가로서 다양한 재능을 세상에 펼쳤다. 성직자나 신학자가 아니었음에도 불구하고 그가 쓴 신앙 서적들은 엄청난 판매량을 기록하며 당시 기독교인들에게 상당한 영향을 끼쳤다. 노든은 이 기도문을 통해 어디에 있든 무엇을 하던 주와 함께 있기를 소원한다. 그가 다방면에서 깊이 있는 업적을 남길 수 있었던 것은 인생에 불필요한 잔가지들을 모두 쳐내고 삶의 초점을 하나님께 온전히 맞추며 살았기 때문은 아니었을까.

아픈 이들 속에 계신 주님

사랑하는 주님.
아픈 이들 속에서 날마다 당신을 바라봅니다.
그들을 간호하는 것이 곧 당신을 섬기는 것입니다.

짜증스럽고 까다로우며 변덕스러운 이들로 변장하신 채
자신의 모습을 숨기고 계시지만,
나는 당신을 발견하고 이렇게 말합니다.
"나의 환자로 오신 예수님,
당신을 섬기는 일이 얼마나 달콤한지요."

주님,
제 일을 건성으로 하지 않도록
병자들 속에 계신 당신을 발견하는
그 믿음을 잃지 않게 하소서.

당신을 바라볼 수 있는 유쾌한 환상 속에서
그리고 빈곤한 모든 이들을 돕는 사역 속에서
참된 기쁨을 발견하게 하소서.

그리스도의 모습으로 다가올 때,
환자들은 더욱더 소중해집니다.

그들을 돌볼 수 있다는 것이
얼마나 큰 특권인지요.

사랑의 주님,
내게 주어진 깊은 소명과 수많은 책무들을
항상 귀하게 여길 수 있도록 도우소서.

차가움, 불친절함, 성급함과 불안함으로 인해
내게 맡기신 이 길이 수치스러워지지 않도록 하소서.

당신께서 내 환자로 계시는 동안
나 역시 당신의 돌봄이 필요한 환자가 되게 하소서.

당신을 사랑하고 섬기기 원하는 이 마음만
온전히 바라봐 주시고 제 실수들은 기꺼이 용서해주소서.

주님,
믿음이 날로 자라게 하시고
제 노력과 사역을 축복해주소서.

마더 테레사(1910-1997) 달리 설명이 필요 없는 그녀는 인도의 골목 곳곳에서 소외받는 이들을 위해 평생 헌신했다. 기도를 통해 그녀는 자신의 마음과 영혼에 묻어있는 때를 매 순간 씻어내며 주리고 목마른 이들, 헐벗고 병든 이들 속에서 하나님의 형상을 발견하는 맑은 영성을 유지했다.

영혼의 집

주님,
내 영혼의 집이 너무나 작습니다.
당신께서 들어오실 수 있도록 넓혀주소서.
내 영혼의 집은 폐허입니다. 부디 새로 고쳐주소서.

당신의 눈살을 찌푸리게 할 만한 것들이 그 곳에 널려 있습니다.
진심으로 회개하며 고백합니다.

당신 외에 누가 그것을 정화시킬 수 있겠습니까?
당신 외에 누가 저의 울부짖음에 도움을 줄 수 있겠습니까?

주님,
저의 비밀스러운 잘못들을 깨끗이 씻겨주시고
죄의 유혹에서 피할 수 있도록 도와주소서.

어거스틴(354-430) 은 북아프리카에서 활동한 초대교회 교부이다. 그의 사상은 기독교 신학 뿐 아니라 서양 철학의 발전에 지대한 영향을 끼쳤다. 어거스틴은 회심하기 전 자신이 저질렀던 잘못들에 대해 통렬히 회개하며 고백했던 인물로 잘 알려져 있다. 그는 자신의 죄를 직시하고 하나님의 은총을 구함으로써 죄책감과 죄의식으로 억눌려있던 삶에서 벗어나 새로운 희망과 자유를 얻었다.

세 가지 상처

주님,
제 삶에 세 가지 상처를 허락하소서.
진심어린 회개로 인한 상처,
자연스레 우러나는 연민으로 인한 상처,
당신을 향한 끝없는 그리움으로 인한 상처.
이 세 가지 상처를 제게 허락하소서.

노르위치의 줄리안(1342-1416)은 평생 말씀을 묵상하며 그리스도의 삶을 따라 살고자 노력했던 중세 수도자이다. 그녀는 하나님과의 신비한 만남을 통해 예수님을 어머니로 고백하며 그리스도의 따스하고 무한한 사랑을 강조했다. 그녀는 자신과 다른 이들, 그리고 하나님을 사랑함으로써 베어지는 상처를 두려워하지 않고 받아들인다. 어쩌면 사랑은 상처 받을 각오가 되어 있는 이들에게만 자신의 온전한 모습을 드러내는 것은 아닐까.

그것으로 충분합니다

주님,
내 모든 자유를 취하소서.
나의 기억, 나의 이해, 나의 모든 의지를 받으소서.

내가 소유한 모든 것은 당신께서 내게 주신 것입니다.
당신께 내 모든 것을 온전히 돌려드립니다.

당신의 길을 걷기 위해
당신의 뜻을 철저히 따르겠나이다.

당신의 사랑과 은혜를 내려주소서.
저는 그것으로 충분합니다.
더 이상 바랄 것이 없습니다.

로욜라의 이냐시오(1491-1556)는 16세기 수도사이자 신학자이며, 예수회 창립자이다. 스페인 로욜라 성 영주의 아들로 태어나 군인으로 명성을 쌓아 기사 작위까지 받았지만, 회심 이후 스스로 가난을 선택하여 육체노동과 영성 훈련에 매진하였다. 예수회를 설립해 적극적인 선교 활동을 벌였을 뿐 아니라 가톨릭교회 내부의 개혁에도 많은 관심을 쏟았다. 이냐시오는 지도자로서 높은 위치에 있었지만, 언제나 자신에게 엄격하고 다른 이들에게 관대하려 노력했다.

주를 향한 마음과 행동

사랑의 주님,
당신의 거룩한 지혜를 내 가슴 속에 맑은 빛으로 빛춰주시고
당신의 복음을 이해할 수 있도록 내 생각의 눈을 열어주소서.

영성의 삶을 통해 잘못된 욕망을 극복하고
오직 당신께서 기뻐하는 일들만 떠올리며 실천할 수 있도록
주의 계명을 경외할 수 있는 마음을 내게 심어 주소서.

내 영혼과 육신의 빛이신 그리스도 나의 하나님이시여,
영원하신 성부 하나님과
모든 거룩과 선함과 생명의 근원이신
성령 하나님과 함께
지금부터 영원까지 영광을 돌리나이다.

요하네스 크리소스토무스(349-407)은 초대 교회 교부이다. 이 기도문에서 고백하듯, 그는 오직 하나님이 기뻐하시는 일만 하기를 원했다. 욕망에 휘둘리지 않고 주님의 뜻을 찾고 탐구하며 실천하는 삶을 살기 위해 최선을 다했다. 그는 대주교라는 매우 높은 지위에 있었음에도 불구하고, 가난한 자들의 편에서 정치가들과 부자들의 사치와 권력 남용을 신랄하게 질타하였다. 결국 권력자들의 탄압에 의해 유배 생활 끝에 죽음을 맞이하였지만, 사후에 많은 이들이 그를 성인으로 따랐으며 황금의 입을 가졌다는 뜻을 지닌 크리소스토무스라는 이름도 얻게 되었다.

파두아의 안토니오(1195-1231)는 중세 포르투칼 출신의 초기 프란치스코회 수사이다. 부유한 귀족 출신이었지만, 어린 나이에 수도원에 입회하면서 수도사의 길을 걷기 시작했다. 영성 훈련 뿐 아니라 신학 공부에도 매우 열심이었던 그는 20대의 젊은 시절부터 뛰어난 설교가로 널리 알려지게 된다. 36세의 젊은 나이에 숨을 거두었지만, 세상을 떠난지 불과 1년만에 성인으로 추대되었다.

주만 바라볼 수 있도록

하나님,
깨달을 수 있도록 제 마음 속에
기억할 수 있도록 제 머리 속에
묵상할 수 있도록 제 영혼 속에
성령을 보내주소서.

경건하고 신성하며 다정하고
자비롭게 말하도록
저를 감화시켜주소서.

저의 생각과 감정을
처음부터 끝까지
가르치시고 인도하시며 지휘하소서.

한없는 자비를 베푸시는 주님,
항상 저를 당신의 은총으로 보살펴주시고
지금 저를 당신께서 내리시는 지혜로 강하게 하소서.

어둠으로부터 자유

하나님,
내 삶에서 그 어떤 것도 나를 속박 할 수 없도록
내 스스로를 이길 수 있는 힘을 주소서

주님,
내 넋이 당신의 지혜를 따라
두려움 없이 맹렬하게 날아오르도록
내 영혼을 인도하시고
이 어두운 심연에서 나를 일으켜주소서.

오직 당신만이 저를 이해하시며
감명을 주실 수 있으십니다.

루트비히 판 베토벤(1770-1827)은 서양 음악사에 한 획을 그은 위대한 음악가이다. 그는 20대 때부터 점점 귀가 들리지 않는다는 사실을 알게 됐고, 이후에 완전히 청력을 잃어버렸다. 작곡가에게 소리를 듣지 못한다는 것은 치명적인 것이었지만, 그는 각고의 노력을 기울이며 생애 마지막까지 곡을 썼다. 이 기도문은 베토벤이 자신의 청력 장애가 불치병이라는 사실을 알았을 때 고백했던 것으로 알려진다.

희망을 향한 용기

주, 나의 하나님,
제게 희망을 향한 용기를 다시 주소서.

자비하신 하나님,
척박하고 황량한 이 마음이
다시 한 번 희망으로 풍요롭게 되도록
저를 도와주소서.

쇠렌 키르케고르(1813-55)는 덴마크 철학자이자 신학자이다. 삶의 한계로 인해 불거지는 불안이나 절망에 대한 문제를 깊이 있게 사색하고 밝혀냄으로써 실존철학의 아버지라고 불리기도 한다. 불안과 절망에 대한 그의 탐색은 반대로 신앙과 희망이 인간 삶에 얼마나 중요한지 드러내는 역할을 했다. 한편 그는 그리스도를 믿지 않는 '그리스도인'이 되는 것을 경계해야 한다고 강조하며, 세속화되고 정치화된 덴마크 국교회가 예수 그리스도의 길에서 멀어진 텅 빈 종교가 되었다며 비판하기도 했다. 키르케고르는 이 기도문에서 이른바 '죽음에 이르는 병'인 절망에서 벗어나 희망을 되찾기 위한 용기를 간구하고 있다. 마지막이라고 생각할 때, 다시 한 번 희망을 얻기 위해 기도하는 것. 그것이 어쩌면 그리스도인의 삶을 엮어가는 중요한 마디 마디가 아닐까.

작은 배 위의 이방인

주님,
내게서 모든 유혹과 위험을 물리쳐주소서.
불의한 바다 위에서 나를 감싸주시고,
좁고 굽어진 얕은 해협에서
제 작은 배를 항상 지켜주소서.

오늘 낮과 오늘 밤, 그리고 영원토록
제 앞에 빛나는 불꽃이 있게 하시고,
제 위에 길잡이 별빛이 있게 하시고,
제 아래 잔잔한 항로가 있게 하시고,
제 뒤에 다정한 목자가 있게 하소서.

당신은 아시지요.
저는 이방인이며 몹시 지쳐있습니다.
부디 제가 당신의 나라로 순항할 수 있게 도우소서.

켈트 기독교는 4세기부터 로마 제국의 변방이었던 지금의 잉글랜드 일부와 아일랜드 일대에서 살았던 켈트족에서 의해 토착화된 교회이다. 자생적으로 복음을 받아들인 켈트 교회는 로마 제국 안에서 형성된 로마 카톨릭 교회와 많은 부분에서 차이를 보인다. 로마 교회는 제도와 교리를 바탕으로 한 기독교 신앙을 강조한 반면 켈트 기독교는 영성과 창조세계를 통해 하나님의 뜻과 은혜를 발견하고 따르는 것에 더 방점을 두었다. 이 기도문은 어느 켈트 기독교인이 하나님의 보호를 구하며 드린 기도이다. 켈트 지역은 바닷가와 맞닿아 있기 때문에 바다와 배를 은유로 많이 사용하는 경향을 보인다.

당신의 얼굴

영원한 빛이시여, 우리의 마음을 비추소서.
영원한 선이시여, 우리를 악에서 구하소서.
영원한 지혜시여, 우리의 어리석음을 흩으소서.
영원한 연민이시여, 우리에게 자비를 베푸소서.

우리 모두 마음과 생각과 영혼과 힘을 다하여
당신의 얼굴을 찾게 하소서.
당신의 그 끝없는 자비하심으로
우리를 주님 계신 거룩한 곳으로 인도해주소서.

요크의 앨퀸(약735-804)는 중세 시대 활동한 영국 출신의 학자이자 성직자이며 시인이다. 그는 무너진 로마 제국을 다시 거룩한 기독교 제국으로 세우려던 샤를마뉴 대제의 부름을 받고 당시 신학과 교리뿐 아니라 과학과 문학, 건축 등 여러 학문의 기틀을 다졌다. 이 기도문에서 고백하듯 그는 영성 생활과 더불어 성실한 자세로 끝없이 진리를 탐구하며 변함없이 자신을 드러내기 원하시는 하나님의 얼굴을 찾고자 노력했다.

당신께 다가가는 길

주님,
어디서나 당신을 찾을 수 있기에 당신은 정말 놀라운 분이십니다.
당신은 우리 곁에 계시면서도 또한 멀리 떨어져 계시지요.

그 무엇으로 당신께 닿을 수 있습니까?
이 세상 아무것도 도움이 되지 않습니다.
가까이 가려 발버둥 처보아도
조금도 미치지 못하고 결국 실패하고 맙니다.

하지만 저는 압니다.
기도를 통한 믿음과 사랑만이 당신께 가는 길을 열어 준다는 것을

에프렘(306-373)은 시리아에서 활동한 초대 교회 성직자이자 신학자이며, 수백 편의 찬송가를 지은 탁월한 음악가이다. 다양한 문화와 사상들이 얽히고설킨 시대 속에서 그는 성서와 그리스도교 신앙을 세상에 전하기 위해 여러 종교와 전통들이 가지고 있던 다채로운 상징과 은유를 풍부하게 인용했다. 시와 찬송, 설교문 등 그가 쓴 글들이 워낙 유명해서 그의 이름을 빌린 위작들도 여러 편 전해지고 있다.

우리 모두 이겨낼 때까지

예수님,
우리 모두 이겨낼 때까지
우리를 이끄소서.

그 가는 길이 비록 쓸쓸할지라도
두려움 없이 묵묵히 당신을 따르겠나이다.

그 나라에 이르기까지
당신의 손으로 우리를 인도하소서.

우리의 걷는 길이 음울해지고
사방에서 적들이 몰려들 때,
불신으로 인한 두려움에 걸려 넘어지지 않게 하시고
수많은 적대자들을 헤치고 나가야
비로소 그 안식처에 닿을 수 있다는 진리를 떠올리며
믿음과 희망을 저버리지 않게 하소서.

기나긴 슬픔에 못 이겨 포기하려는 그 순간,
유혹과 시험에 서서히 둘러싸이는 그 순간,
인내하고 참을 수 있는 힘을 주셔서

눈물이 사그라져 버릴 환한 주님의 호숫가에 다다르게 하소서

예수님,
우리 모두 이겨낼 때까지
우리를 이끄소서.

니콜라스 진젠도르프(1700-1760)는 독일 출신으로 모라비안 교회 감독을 역임하고 헤른후트 공동체를 창립한 18세기 개신교 선교의 선구자이다. 그는 경건주의 운동을 이끌며 노예제도를 비판하는 등 당시 종교와 사회를 개혁하는데 앞장섰다. 복음을 전하는 일에도 심혈을 기울이며 평생 200여 명이 넘는 선교사를 세계 곳곳에 파송했다. 진젠도르프는 교리에 따른 믿음 보다 하나님과 성도들 사이에 영적 체험이 더 중요하다고 보았다. 그는 자신의 성도들에게 항상 기도할 것을 강조하면서 작은 모임을 만들어 매시간마다 한 사람씩 돌아가며 기도가 끝없이 이어지도록 하는 릴레이 기도운동을 벌이기도 했다. 하지만 꽃길만 걸었던 것은 아니다. 경제적 어려움과 고통스러운 시험이 곳곳에 도사리고 있었기 때문이다. 그 순간마다 진젠도르프는 하나님께서 자신과 자신의 신앙 공동체를 이끌어주실 것을 간절히 기도하며 묵묵히 자신의 신앙 여정을 걸어나갔다.

당신과 함께라면

하나님,
이른 아침에 당신께 부르짖습니다.

당신을 묵상하는 일에 온전히 집중하며
기도할 수 있도록 나를 도우소서.

저는 홀로 이 일을 감당할 수 없습니다.

제 속은 어둡습니다.
하지만 당신과 함께라면 밝을 테지요.

저는 외롭습니다.
하지만 당신이 곁에 계실 테지요.

제 마음은 허약합니다.
하지만 당신과 함께라면 도움의 손길이 있을 테지요.

저는 불안합니다.
하지만 당신과 함께라면 평화롭겠지요.

저는 비통합니다.
하지만 당신과 함께라면 견딜 수 있겠지요.

저는 당신의 길을 이해할 수 없습니다.
하지만 당신은 제가 걸어야 할 길을 알고 계실 테지요.

자유를 회복시켜 주소서.

당신과 제 자신에게 책임을 다할 수 있도록
제 삶을 지금 다시 허락해 주소서.

주님,
오늘 어떠한 일이 일어나더라도,
당신을 찬양하겠습니다.

디트리히 본회퍼(1906-1945)는 독일 루터교 목사이자 신학자이다. 나치에 대항하여 히틀러를 암살하려다 발각돼 형장의 이슬로 생을 마쳤다. 히틀러를 새로운 구세주처럼 숭배하기를 강요했던 독일 주류 교회에 맞서 뜻 맞는 이들과 고백교회를 설립하기도 했다. 특히 하나님의 값없는 은혜를 값싼 은혜로 둔갑시켜 욕망의 수단으로 복음을 이용하는 주류 교회를 날세게 비판하며, 그리스도를 따르지 않는 신앙은 예수 그리스도를 무시하는 싸구려 은혜에 불과하다고 역설했다. 이 기도문은 본회퍼가 나치 감옥에 갇혀 사형 집행을 기다리며 쓴 기도문 가운데 일부이다.

너른 바다 한 가운데서

주님, 은총을 베푸소서.
바다는 저토록 넓은데,
제 배는 이토록 작습니다.

브레톤 사람들은 영국에서 프랑스 서북부의 아르모니카 지역으로 이주한 켈트 민족의 한 부류이다. 크게 두 차례에 걸쳐 이민이 이뤄졌는데, 모두 전쟁이 그 원인이었다. 바다를 건너 낯선 땅으로 삶의 터전을 옮기는 것은 말처럼 쉬운 일은 아니었다. 고단하고 험난한 역사의 파도 한가운데에 덩그러니 놓인 조그마한 자신을 발견하고 고백하는 그들의 간절함, 그리고 그 간절함으로 외치는 간결하고 진솔한 간구가 이 기도문을 통해 전해진다.

부와 가난, 그리고 망각

주님.
부유함으로 인해 내가 누군지 잊지 않도록 하시고,
가난함으로 인해 당신이 누군지 잊지 않도록 하소서.

제레미 테일러(1613-1667)는 영국 국교회 성직자이자 작가이다. 탁월한 설교로 유명세를 얻어 궁정 목사가 되었다. 하지만 청교도들을 탄압한 정치권력 편에 서 있었기 때문에 청교도혁명 이후 여러 차례 투옥되는 고초를 겪었다. 한동안 웨일스 지방에서 조용하게 지내던 그는 왕정이 복고되면서 북아일랜드 다운 지역의 주교가 된다. 그리스도인의 경건을 다룬 그의 글들은 이후 영국 사회의 경건주의 운동에 큰 도움을 주었다.

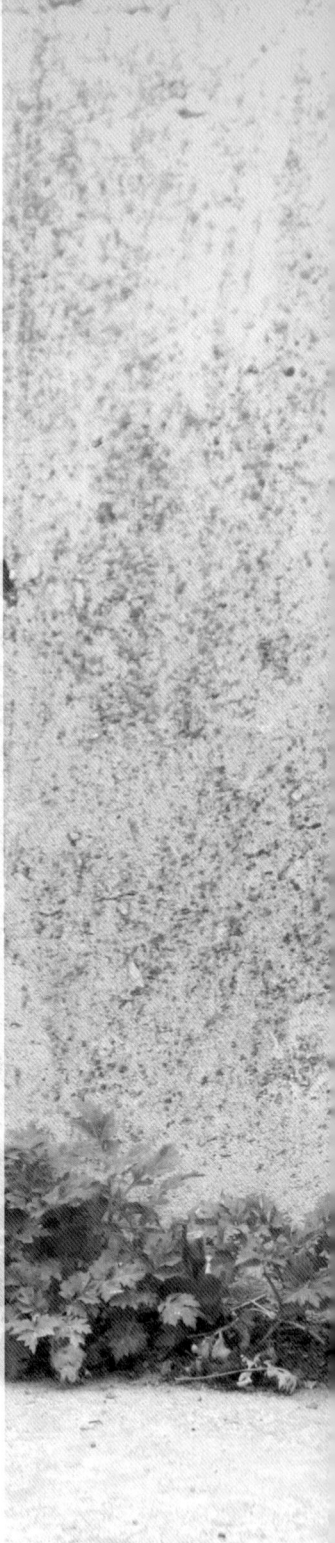

그리워 하시는 하나님

나도 외롭지만,
하나님도 외롭다.
그래서 기도하기 원하신다.
그리움이란 자리에 함께 앉아
서로에게 사랑을 고백하기 원하신다.

올바른 간구

주님, 우리의 하나님이시여.
올바른 축복을 당신께 간구할 수 있길 간절히 원합니다.

폭풍우에 휩쓸린 영혼들이
평안하게 안식할 당신의 품을 향해 나아가는 뱃길에서
우리 삶이 이탈하지 않게 하소서.

가야 할 항로를 보여주시고, 우리의 심령을 새롭게 하소서.

주님의 율법을 지킬 수 있도록
억누르기 힘든 여러 감정들을 성령으로 치유해 주시고
우리를 참된 선으로 인도하소서.

언제 무슨 일을 하든 간에 은혜와 기쁨이 충만한 당신의 품 안에서
항상 행복할 수 있게 도와주소서.

바질(약330-379)은 초대교회 당시 소아시아 갑바도기아의 가이사랴 지역의 주교이자 매우 영향력 있는 신학자였다. 특히 예수의 신성과 인성에 대한 논란을 잠재우기 위해 제정된 니케아 신조를 통과시키는데 많은 역할을 했다. 그는 검소한 생활과 경건한 훈련, 나눔의 영성 등을 강조하면서 노동과 기도를 통해 가난하고 병든 자들을 돌보는 수도원 공동체를 세우는 일에도 매우 열정적이었다.

기쁨으로 하는 사역

주님,
무거운 짐이 아닌 복된 행복으로
이 사역을 감당할 수 있도록
우리 영혼을 새롭게 하시고
우리 마음을 당신께 향하게 하소서.

나무를 다듬어 예술 작품을 내놓는 목공예사처럼
세상을 돌보시는 하나님이시여,
우리가 당신을 더욱 사랑하게 하셔서
당신을 따르는 모든 발걸음이 더욱 유쾌해지도록 하소서.

노예처럼 억압된 마음으로
당신을 섬기는 것이 아니라,
생기 넘치고 흔쾌한 마음으로
당신의 창조 사역에 동참하게 하소서.

벤자민 젠크스(1646-1724)는 영국에서 활동한 성직자였다. 작은 마을에서 성실하게 목회를 하면서 기도와 거룩한 신앙생활에 관한 글들을 집필하였다. 생전에는 크게 알려지지 않았지만, 사후에 그의 글들이 새롭게 출판되면서 이름이 알려졌다. 이 기도문에서 고백하듯 그는 누가 알아주지 않아도 주변 이들이 조금이라도 더 하나님과 가까워질 수 있도록 자신에게 맡겨진 일들을 기쁨으로 일궈냈다.

용기, 지혜, 능력

하나님,
우리 안에 있는
자만, 오만, 교만, 거만
모두 벗겨내시고,
온화함으로 드러나는 참된 용기와
간명함으로 드러나는 참된 지혜와
겸손함으로 드러나는 참된 능력을
우리에게 허락하소서.

찰스 킹슬리(1819–1875)는 영국 국교회 성직자이자 역사학 교수이며 소설가였다. 기독교 사회주의 운동에 깊이 관여하여 억압받는 이들의 편에 서서 사회의 불의한 구조를 개혁하기 위해 노력했다. 그는 소설을 통해 날카로운 필치로 사회문제를 분석해내는 한편 아름다운 감수성으로 자연을 그려내기도 했다.

마음 속 불꽃

천상에 있는 정결한 불길을 전하기 위해
이 땅에 내려오시는 주님,

내 마음속 보잘것없는 제단 위에
거룩한 사랑의 불꽃을 내려주소서.

겸허한 기도와 열렬한 찬양이 땔감이 되어
당신의 영광이 사그라지지 않는 찬란한 빛으로
쉼 없이 타오르게 하소서.

찰스 웨슬리(1707-1788)는 그의 형 존 웨슬리와 함께 감리교회 운동을 이끈 성직자이자 시인이며 음악가이다. 찬양을 하나님의 은총을 경험하는 중요한 수단으로 생각한 그는 무려 6000여 편에 달하는 찬송가를 작사하여 새로운 신앙 부흥 운동이 영국 사회 전반에 활활 타오르도록 도왔다. 초기 감리교인들이 '노래하는 그리스도인'으로 알려진 것도 그의 역할 때문이다.

문지기가 되어

권능의 하나님이시여,
천국에 있는 문 가운데 단 하나만
제가 문지기로 지킬 수 있게 하소서.

제게 맡기시는 문이
가장 작은 문이라 할지라도,
가장 멀리 있는 문이라 할지라도,
가장 어두운 문이라 할지라도,
가장 차가운 문이라 할지라도,
가장 사용이 뜸한 문이라 할지라도,
가장 뻣뻣한 문이라 할지라도,
아무 상관없습니다.

그렇게라도 문지기가 된다면,
당신과 같은 집에 머무를 수 있고
아득히라도 당신을 바라볼 수 있으며
당신의 목소리도 들을 수 있고
당신이 내 곁에 함께 있음을 잊지 않을 테니까요.

콜롬바(521-597))는 6세기 경 아일랜드와 스코틀랜드 지역에 복음을 전파하는데 크게 기여한 성직자이자 수도원장이다. 특히 스코틀랜드 서쪽 해안에 위치한 이오나 섬에 수도원을 세우고 선교사들을 위한 학교를 설립하여 켈트 지역의 선교를 위한 기반을 마련했다. 이 기도문에서 고백하듯 그는 언제나 하나님과 더욱 가까워지기 위해 노력하며 경건하고 검소한 삶으로 그리스도의 복음을 전하는 일에 최선을 다했다.

축복의 통로

하나님,
당신의 발 앞에 나와
간절히 기도드립니다.

당신의 축복 없이
우리는 살아갈 수 없습니다.

삶은 너무 힘들고
해야 할 일은 너무 많습니다.

의욕이 사라지고
온몸이 힘없이 축 늘어집니다.

우리의 연약함을 가지고
당신 앞에 나아갑니다.

우리에게 힘을 주소서.

언제나 기운이 솟아나게
우리를 도와주소서.

어려운 일들로 낙심하지 않게 하소서.
당신의 사랑과 당신의 약속을 의심치 않게 하소서.

다른 이를 좌절하게 만드는 이가 아니라
용기를 북돋는 이가 되도록 은총을 베푸소서.

슬픔이나 두려움을 심어주는 것이 아니라
만나는 이들마다 축복을 나눠주며
우리를 통해 힘든 이들의 삶이
조금 더 나아지게 되도록 도우소서.

예수 그리스도께서 그러하셨듯
우리의 삶 속에서 당신의 사랑이 발견되게 하시고
우리 안에서 당신을 사랑하는 법이 전파되게 하소서.

우리의 목소리를 들어주시고,
우리의 기도를 받아주시며,
우리의 죄악을 용서해 주소서.

제임스 러셀 밀러(1840-1912)는 미국에서 활동한 장로교회 목사이자 작가이다. 글쓰기에 탁월하여 장로교 정기 간행물들을 관리하는 편집장으로 오랫동안 일했으며 수십 권에 달하는 책을 썼다. 예수 그리스도와 친구처럼 친밀한 관계를 맺어야 한다는 점을 강조했던 그는 예수를 본받아 억눌린 이들의 친구가 되기 위해 애썼다.

고요한 호수처럼

주님,
잘못된 행동과 생각에서 벗어날 수 있도록
우리에게 은총을 내려주소서.

당신께 모든 것을 내맡기게 이끄시고
고요한 호수처럼 우리 영혼을 잠잠하게 지키소서

주의 은총의 빛을 비추시어
믿음과 사랑과 기도의 촛불이
우리 마음속에 밝혀지게 하소서.

평온과 소망을 통해
당신 안에서 능력과 행복을 찾도록
지금부터 끝 날까지 우리를 도와주소서.

요아킴 엠든(1595-1650)은 독일에서 활동한 루터교 성직자이다. 종교개혁 이후 신교와 구교 사이에 벌어진 30년 전쟁으로 당시 사회가 피폐해져 있을 무렵, 그는 개인의 신앙 체험과 사랑의 실천을 강조한 경건주의 운동이 독일 전역에 불붙는데 일조했다. 이 기도문에서 고백하듯 그는 혼란한 시대의 물결 속에 휘둘리지 않고 내면을 돌아보며 고요하게 자신과 하나님을 바라보는 일에 집중하는 그리스도인이었다.

당신의 손으로

생명의 영이신 하나님.

우리 안에서
당신의 은혜가
살아 숨쉬게 하소서.

주를 사랑하는 이들을 위해 준비하신
찬란한 그 영광을 바라 볼 수 있도록
당신의 손으로 우리를 높이소서.

리차드 백스터(1615-1691)는 영국 청교도 목사이자 신학자이며 저술가이다. 영국 국교회에서 사제 서품을 받고 훗날 주교로 임명될 수 있었지만 청교도의 삶을 선택하여 온갖 탄압을 받았다. 국교회에서 추방되고 출판한 서적에 의해 감옥에 갇히기도 했지만, 생의 마지막까지 글쓰기를 통해 참된 그리스도인의 길을 찾아 알리는 일에 최선을 다했다.

참된 마음

주님,
적절치 않은 애착에 이끌려 넘어지지 않도록
변함없는 마음을 주소서.

고난에 빠져 허우적 거리지 않도록
굳건한 마음을 주소서.

쓸데 없는 유혹에 휩쓸리지 않도록
올곧은 마음을 주소서.

우리 주 하나님,
당신을 이해 할 수 있는 명철과
당신을 추구할 수 있는 성실과,
당신을 찾을 수 있는 지혜와
당신을 받들 수 있는 충실을
우리에게 주소서.

토마스 아퀴나스(약1224-1274)는 중세 시대 수도사이자 당대 가장 저명한 신학자이다. 서로 대립될 것이라 여겼던 주제들, 예를 들면 자연의 법칙과 초자연적 신비, 신앙과 이성, 기독교 교리와 그리스 철학 등이 조화를 이룰 수 있다고 주장하며 기독교 신학의 새로운 길을 제시했다. 진리를 깊게 탐구하는 것을 소명으로 여겼던 도미니칸 수도회 수사로서 평생 신학과 철학 공부에 매진하여 기독교 역사에 길이 남을 대작들을 여러 편 남겼다.

문을 위한 기도

하나님,
사랑과 우정과 돌봄이 필요한 모든 사람들을
넉넉하게 받아들일 수 있을 만큼
이 집의 문을 충분히 넓혀주소서.

하나님,
이 세상의 모든 질투와 자만과 혐오가
침입해 들어설 수 없을 만큼
이 집의 문을 가능한 좁혀주소서.

하나님,
아이들이 발에 걸려 넘어지거나 헛딛지 않도록
이 집의 문턱을 부드럽게 감싸주소서.

하나님,
유혹하는 손길을 강하게 물리 칠 수 있도록
이 집의 문턱을 단단히 붙잡으소서.

이 문이
하나님의 나라로 향하는
통로가 되게 하소서.

토마스 켄(1637-1711)은 영국 국교회 주교이자 뛰어난 작사가이다. 우리나라에도 잘 알려진 새찬송가 1장에 있는 '만복의 근원 하나님'의 노랫말을 지은이이다. 정치적 압력으로부터 교회를 지키기 위해 왕의 정책에 반대하다가 감옥신세를 지기도 했다. 이 기도문에서 볼 수 있듯 그는 일상에서 쉽게 접할 수 있는 사물들을 향해 기도함으로써 항상 자신을 돌아보며 갖가지 유혹으로부터 스스로를 지킬 수 있길 희망했다.

날마다 당신을 생각하며

우리 하나님이시여,

일상 속에서 저지르는 죄악들을
당신 앞에선 숨길 수 없습니다.

그리스도 안에서
우리를 용서해주소서.

우리의 어버이시여,

단 한 시도
성령님과 떨어져 지내지 않도록 도우소서.

날마다 삶 속에서
우리에 대한 의식은 점점 더 옅어지게 하시고
당신에 대한 생각은 점점 더 짙어지게 하소서

하나님 나라를 향해 나아가며
이 땅의 모든 그리스도인들이 연합할 수 있도록
우리 모두 당신께 쓰임 받는 도구가 되게 하소서.

우리를 사랑하시고
우리를 위하여 돌아가신
구원자 예수 그리스도로 인하여 기도합니다.

노먼 매클라우드(1812-72)는 스코틀랜드 교회 목사이자 신학자이며 사회 개혁가이다. 가난하고 어려운 이들을 위한 학교와 은행, 식당 등을 건립했다. 스코틀랜드 교회 총회장을 역임하였으며 기독교 관련 잡지의 편집장으로 활동하며 다수의 글을 남겼다.

온 삶이 그리스도 안에서

그리스도시여, 나와 함께 거하소서.

그리스도시여, 내 앞에 거하소서.

그리스도시여, 내 뒤에 거하소서.

그리스도시여, 내 안에 거하소서.

그리스도시여, 내 아래 거하소서.

그리스도시여, 내 위에 거하소서.

그리스도시여, 내 옆에 거하소서.

그리스도시여, 내가 누운 곳에 거하소서.

그리스도시여, 내가 앉은 곳에 거하소서.

그리스도시여, 내가 서있는 곳에 거하소서.

그리스도시여, 나를 생각하는 모든 이들의 마음 속에 거하소서.

그리스도시여, 나에 대해 이야기하는 모든 이들의 입술 위에 거하소서.

그리스도시여, 나를 바라보는 모든 눈동자 안에 거하소서.

그리스도시여, 내 말을 듣는 모든 귓가에 거하소서.

구원은 주님의 것입니다.
구원은 그리스도의 것입니다.

주님,
우리 모두에게 당신의 구원을 허락하소서.

파트리치오(약389-461)는 아일랜드에 복음을 전파한 선교사이자 주교이다. 16세에 해적들에게 잡혀 북아일랜드에서 6년 동안 노예생활을 하던 중 신앙을 갖게 되었다. 하나님의 계시를 받고 노예로 일하던 농장에서 탈출해 고향에 돌아가 성직자가 된다. 사제가 된 이후 선교를 위해 다시 아일랜드 땅을 밟는다. 이후 평생 동안 복음 사역에 매진하여 아일랜드 섬 전체에 그리스도의 복음이 깃들게 했다. 특히 토끼풀을 이용해 삼위일체 교리를 가르쳤다는 이야기로 유명하다. 오늘날에는 아일랜드뿐 아니라 세계 여러 나라에서 3월 17일을 성 파트리치오의 날로 기념하고 있다.

고요한 이슬처럼 우리 마음에

주님,
우리 모두가
경쟁의 굴레에서 벗어날 때까지
고요한 이슬처럼 우리에게 내리소서.

무겁게 짓누르는 부담감과 압박감에서
우리 영혼을 자유케 하소서.

우리에게 주어진 삶 속에서
언제나 아름다운 당신의 평화를
고백하며 살아가게 하소서.

존 그린리프 휘티어(1807-92)는 미국 퀘이커 교도 이자 유명한 시인이다. 매우 열렬하게 노예해방운동에 참여했던 그는 19세기 미국 내에서 가장 큰 시민단체였던 '미국 노예제 폐지 협회' 창립자 가운데 한 명이었다. 특히 시와 산문을 통해 노예제도의 부당함을 세상에 알리는데 많은 기여를 했다.

순교자의 기도

저는 주님의 밀알입니다.

그리스도의 부드러운 빵이 될 수 있도록
들짐승들의 이빨에 뜯겨 땅에 떨어지게 하소서.

저의 열정은 십자가에 못 박혔고,
제 육체에는 그 어떤 따스함도 남아있지 않습니다.

강물이 내 안에 속삭이듯 흘러옵니다.

흐르고 흘러 내게 와 말을 겁니다.

주님 계신 곳으로 어서 오라고.

이그나티우스(약35-약108)는 초대교회 교부로서 안디옥교회의 감독이자 순교자이다. 초대 기독교의 신학을 엿볼 수 있는 여러 편의 서신을 남겼다. 그는 황제 숭배를 거절하여 로마군에 체포돼 순교했다. 이 기도문은 그가 로마로 압송될 때 쓴 글 가운데 일부이다.

그리스도인으로 살기 위해

은혜롭고 거룩하신 하나님,
당신을 발견할 수 있는 지혜와
당신을 뒤따를 수 있는 성실과
당신을 기다릴 수 있는 인내와
당신을 바라볼 수 있는 시야와
당신을 묵상할 수 있는 마음과
당신을 드러낼 수 있는 삶을
우리에게 주소서.

베네딕토(480-547)는 중세 초기 수도사로서 서구 유럽의 수도원 운동의 초석을 다졌다 해도 과언이 아니다. 공동체를 이루어 노동과 기도를 통해 검소한 생활을 하며 그리스도를 닮고자 했던 그의 삶은 많은 이들에게 귀감이 되었다. 특히 수도사들을 위하 쓴 베네딕토 규칙서는 중세는 물론 오늘날까지도 매우 중요한 공동체 규율로 사용되고 있다.

그리스도 예수 안에서

우리의 어버이신 하나님,
그리고 영원한 대제사장이신 예수 그리스도여,
믿음과 진리와 사랑 안에서
더욱 강해지게 하소서.

우리 주 예수 그리스도를 믿는 모든 성도들과
언제나 함께 할 수 있도록 도우소서.

세상 모든 성인들과 왕들과 지배자들과
그리스도의 십자가에 대항하는 적들과
그리고 우리 자신을 위해 기도합니다.

우리 삶 속에서 더욱 풍성한 열매가 맺어지게 하시고
그리스도 예수 안에서 완전을 이루도록 도우소서.

폴리캅(69-155)은 초대교회 교부이며 서머나 교회 감독이자 순교자이다. 사도 요한의 제자로 알려진 그는 정치적으로는 로마의 박해에 저항했으며 종교적으로는 다양한 이단 사상으로부터 교리를 수호하는데 혼신을 다했다. 결국 로마 황제를 숭배하는 예식을 거부함에 따라 화형에 처해져 순교했다. 하지만 어려운 상황 속에서도 그는 자신의 적대자들을 저주하기 보다 예수의 마음으로 그들을 품으려 끝까지 기도했다.

필리프 멜란히톤(1497-1560)은 독일의 종교개혁가이자 신학자이다. 초기 종교개혁 당시 루터의 동료로서 개신교 신학의 초석을 다지는 일에 매진했다. 특히 그의 저서인 「신학강요」는 개신교 최초의 조직신학 책이다. 전면에 나서서 적극 운동을 이끌었던 것은 아니었지만, 학자로서 종교개혁이 성공할 수 있도록 펜을 들고 혁명에 동참했다.

주의 그릇이 되어

교회를 통해 선한 일을 주관하시며
성도들을 통해 자신의 일을 펼치시는
우리 주 하나님.

우리 그리스도인들이
세상 모든 이들에게 유익이 되게 하시고
주의 자비와 은혜를 담아내는 그릇이 되게 하소서.

우리의 모든 생각과 행동을 이끄시고 인도하시어
정의와 거룩으로 당신을 섬길 수 있게 하소서.

신음하고 괴로워하는 이 땅의 모든 생명들과 함께
영원한 나라가 올 것을 설레며 기다릴 수 있도록
우리에게 축복을 내려 주소서.

사랑과 구원의 품으로

십자가, 그 딱딱한 나무 위에서 사랑의 양팔을 펴신
우리 주 예수님,

세상의 모든 이들이 그 구원의 품에 안겨질 수 있도록 도우소서.

당신을 알지 못하고 당신의 사랑을 느껴보지 못한 이들에게
우리가 먼저 다가가게 하소서.

성령의 옷을 입고 사랑의 손을 뻗어 그들을 섬길 수 있도록 하소서.

성부와 성령과 영원히 함께 하시는
우리 주 예수님의 이름으로 기도합니다.

찰스 브렌트(1862-1929)은 캐나다 출신 성공회 주교이다. 캐나다 성공회에서 사제서품을 받은 이후 미국 뉴욕으로 건너가 사역을 하다가 필리핀 선교를 위해 태평양을 건넜다. 1차 세계 대전 이후 다시 미국으로 건너와 생애 마지막까지 주교로서 복음 사역에 헌신했다. 미국의 빈민가를 보고 큰 충격을 받은 그는 개인의 구원뿐 아니라 사회의 불의에 대항하는 기독교 사회 복음의 중요성을 강조했으며, 분열돼 있던 당시 교회들의 일치와 화해를 위한 에큐메니컬 운동에도 적극 관여했다.

주를 따르는 삶

우리 주 예수님,
당신께 은총을 빕니다.

지식 보다는 믿음을
확신 보다는 희망을
우리에게 주소서.

배가 고플 때 먹여주시고, 몸이 아플 때 고쳐주소서.

주님께서 즐거워하시는 일을 기꺼이 따름으로써
지금 여기에서, 또 앞으로 끝날까지
평화를 이루며 살아가도록 도우소서.

크리스티나 로제티(1830-1894)는 영국의 시인이다. 그녀의 초기 작품들은 감수성이 짙은 서정시 위주였지만, 이후 경건한 종교시를 주로 썼다. 여성 시인이 환영받지 못했던 시기에 그녀는 익명으로 처음 자신의 작품을 출간하여 세간의 주목을 받았고, 그 이후 뛰어난 작품 활동을 통해 당대 저명한 시인으로 인정받았다. 오갈 곳 없는 여성들을 위한 쉼터에 오랫동안 도움을 주었을 뿐 아니라 노예제, 동물 실험, 미성년 성매매 등의 사회 문제를 철폐하는 일에도 참여했다.

하나됨을 위하여

모든 거룩함의 원천이시고
모든 선함 위에 선이시며
모든 공평 위에 공평이신
평화와 조화와 화합의 하나님.

서로 등 돌리게 하는
갈등과 반목이 사라지게 하시고,
당신의 성품을 따라
우리 모두 사랑으로 하나 되게 하소서.

모든 만물을 주관하시는 주님,
우리 모두가 관용으로 서로 감싸고
사랑으로 서로 손을 맞잡아
선한 마음으로 하나의 뜻을 이루게 하소서.

모든 이들을 화해로 이끄시는 하나님의 평화와
예수그리스도의 은혜와 자비와 사랑을 통하여
기도합니다.

디오니시우스(773-845)는 안디옥의 교부로서 약 30년 동안 시리아 정교회의 수장으로 사역했다. 동방 교회의 화합과 일치를 위해 여러 나라를 돌아다니며 다양한 노력을 기울였을 뿐 아니라 기독교와 세속 사건들을 아우르는 역사서를 편찬해 신학 발전에도 이바지했다.

평화의 주님

당신의 자녀들을 평화를 위해 일하는 자들로 부르시고
전쟁을 즐겨 하는 국가들을 무너뜨릴 것이라 약속하신 하나님.

예수 그리스도를 평화의 왕으로 우리 가운데 보내셨듯
당신의 평화 안에 우리의 마음과 생각이 머물러 있게 하시고
세상의 모든 인류가 의의 열매를 맺어
온 나라들이 일치와 화합을 이룰 수 있게 하소서.

에드워드 화이트 벤슨(1829-1896)은 영국 국교회 캔터베리 대주교이자 학자이다. 사제 서품을 받은 후 오랜 기간 동안 학교에서 학생들을 가르치는 일을 하다가 1877년에 트루로 교구의 주교가, 1883년에 영국 국교회 최고 지도자의 위치인 캔터베리 대주교가 되었다. 이 기도문에서 엿볼 수 있듯 그의 가장 큰 관심사는 교회와 세상의 평화였다. 특히 당시 교회 안에 존재했던 다양한 파벌들이 화해하고 화합하도록 많은 노력을 기울였다.

정의와 진리의 나라를 향해

고통과 불평등과 빈곤에 처한 사람들을 찾으시는 사랑이신 하나님.
우리가 간절히 기도하오니
당신의 손으로 그들에게 자비를 내려 주소서.

가난한 이들, 억압받는 이들
죄와 노동과 슬픔의 무거운 짐을 짊어진 이들을
사랑으로 돌보아 주소서.

아픔을 겪고 있는 이들과 함께 아파할 수 있는 마음을
우리 가슴에 가득 채워주시고
정의와 진리의 당신의 나라가
어서 빨리 오기를 간구합니다.

유진 버저(1831-1889)는 스위스 출신 개혁교회 목사이자 역사가로 주로 프랑스에서 활동하였다. 개신교 부흥운동을 이끌며 복음주의 교회와 학교 등을 설립하여 새로운 변화를 일으켰다. 공장 근처의 노동자들과 빈민들을 대상으로 첫 목회를 한 경험 때문에 사회적 불평등 문제에 많은 관심을 가졌다. 특히 당시 분열돼 있던 개혁교회를 연합하기 위해 백방으로 노력하였을 뿐 아니라 개신교회 역사 연구에도 열정적이어서 '프랑스 개신교회 역사 협회'의 임원을 지내며 관련 강의 개설해 학생들을 가르치기도 했다.

기도의 신비

기도는 비움의 여백을 만들어준다.
기도는 채움의 만족을 허락해준다.
기도는 비움을 통해 채움을 누리는
역설의 신비로 우리를 초대한다.

참된 행복

하나님,
언제나 주님 곁에서 살아가도록
당신의 빛과 진리를 보내주소서.

당신의 사랑을 느끼며
주님의 나라에서 사는 천사처럼
이 세상의 사역을 감당하며 살게 하소서.

주님의 명령을 쫓아 살아가도록
모든 일에 준비되게 하시고,
가거나 오거나 머무르거나 떠나는 것에
망설임이 없게 해주소서.

그 어떤 일에도 휘둘리지 않고
오직 주님의 뜻을 따라 살아가도록
우리 자신의 욕망이 아니라
참된 행복이 무엇인지 늘 떠올리게 해주소서.

헨리 마틴(1781-1812)은 성공회 성직자이자 선교사이다. 영국에서 사제 서품을 받은 후 인도와 페르시아로 건너가 복음을 전하는 일에 매진했다. 언어를 습득하는데 탁월한 재능이 있던 그는 신약성서를 자신이 선교했던 세 지역의 언어로 모두 번역하기도 했다. 하지만 선교 사역 중 풍토병에 걸려 31세의 젊은 나이로 세상을 떠났다.

평화, 인내, 기도

평화의 하나님이시여,
온화하고 겸손하게
평화와 일치를 이루며 살아가도록
화해의 끈으로 우리 마음을 하나되게 하소서.

인내의 하나님이시여,
유혹이 몰려 올 때
참고 견딜 수 있는 힘을 주시고
마지막까지 흔들리지 않고 인내하게 하소서.

기도의 하나님이시여,
당신을 향해 거룩한 손을 드높일 수 있도록
우리 마음을 일깨워주시고
모든 괴로움을 당신 앞에 절절히 고백하게 하소서.

어려움에 처할 땐
우리의 피난처와 그늘이 되어주시고,
시험을 당할 땐
우리의 도움이 되어주시며,
모든 일이 뜻대로 되지 않을 땐

우리의 위로가 되어주소서.

주님,
어둠 안에선 빛으로,
일상 속에선 구원자로,
죽음 앞에선 위로자로,
우리 곁을 지켜 주소서.

영원한 생명을 향해 가는 그 혹독한 길 위에서도
우리를 안전하게 인도해주소서.

베른하르트 알브레취(1569-1636)는 독일 루터교 신학자이다. 종교 개혁 이후 유럽 사회가 혼란에 빠져 있을 때 경건한 삶을 위한 기도 문집을 발간해 많은 이들이 새로운 용기와 희망을 얻을 수 있도록 도왔다. 의학에도 조예가 깊었으며, 특히 인간의 우울증에 대한 연구를 통해 사람들의 마음의 병을 치유하고자 노력했다.

이웃 사랑을 통하여

전능하신 하나님,
거룩한 계율로 우리를 변화시켜 주소서.

우리 안에 깃든
질투의 씨앗과 병든 욕망을
제거해 주소서.

이웃들을 향한 사랑이 날로 더해짐으로써
당신을 향한 사랑이 더욱 깊어지게 하소서.

사랑이 무엇인지 가르치기 위하여
가족이나 친구, 또는 주변 사람의 모습으로
우리에게 다가오시는 주님.

모든 이들을 사랑으로 대함으로써
그리스도의 완전에 더 가까워질 수 있게 하소서.

모든 것 안에서 모든 것 되시는 하나님,
왜곡된 애착이 이 세상에서 모두 사라질 수 있도록
우리를 도와주소서.

조셉 버틀러(1692-1752)는 영국 국교회 주교이자 학자이다. 이성을 통해 자연을 분석함으로써 하나님의 뜻을 파악할 수 있다고 주장하는 이신론에 맞서 기독교 신앙을 위한 계시의 중요성을 강력하게 주장하였다. 인간을 이기적 존재로 이해하는 사상들에 반대하여 인간의 본성은 도덕적 삶을 추구하는데 맞춰져 있다고 역설함으로써 윤리학자로도 명성을 떨쳤다.

진리의 깨우침

빛과 지혜로 충만하신 하나님,
모든 이들이 당신의 진리를 이해할 수 있도록
성령으로 우리의 생각을 깨우치시고
경외하고 겸손한 마음으로 주의 말씀을 듣게 하소서.
그리스도의 이름으로 기도합니다.

장 칼뱅(1509-1564)은 프랑스 출신 종교개혁가이자 신학자로 스위스 제네바에서 주로 활동하였다. 법학을 공부했던 그는 종교 개혁이 유럽 사회에 들불처럼 번져나갈 무렵 개신교회 신학을 체계적으로 정리하고 신정정치 체제를 구축함으로써 이제 막 싹을 틔운 종교개혁이 튼튼한 뿌리내리도록 하는데 매우 중요한 역할을 했다.

앎과 믿음

주 예수 그리스도시여,

당신을 그리워함으로써
당신을 찾아 헤메게 하시고,
당신을 찾아 헤맴으로써
당신을 그리워하게 하소서.

당신을 사랑함으로써
당신을 발견하게 하시고,
당신을 발견함으로써
당신을 사랑하게 하소서.

주님,

당신이 계신 곳을 찾아가는 것은
저 혼자의 힘으론 불가능합니다.

당신이 계신 곳에 가 닿기엔
제 앎은 충분치 않습니다.

허나 제가 이미 믿고 사랑하는 당신의 진리를
아주 조금이나마 이해할 수 있기를 원합니다.

이해를 통해 믿음이 생기는 게 아니라
믿음을 통해 이해가 생기는 것이지요.

저는 압니다.
믿지 못하면 이해할 수 없다는 것을.

안셀무스(1033-1109)는 중세 시대 수도사이자 주교이며 신학자이다. 당대 위대한 학자로서 이성을 통해 삼위일체를 변증하고 하나님의 존재를 증명하고자 하였다. 하지만 이 기도문에서 고백하듯이 신앙이 없이 참된 깨달음에 도달할 수 없다는 사실을 분명히 하였다.

새로운 앎과 오래된 지혜

의심과 회의가 다가올 때,
새로운 배움과 새로운 가르침과 새로운 사상으로
믿음에 혼란이 올 때,
이해가 되지 않는 신조와 교리와 신비로
신앙에 한계가 올 때,

주님, 우리 모두
배우는 자로서 더욱 성실하게 하시고
믿는 자로서 더욱 용기 있게 하소서.

깊이 탐구할 수 있는 담대함과
모든 진리를 받아들일 수 있는 믿음을 주시고,
복잡한 난제들도 충분히 풀어낼 수 있는 인내와 통찰을 허락하소서.

새롭고 다양한 진리들을 받아들임으로써
우리 전통이 더욱 현명하게 해석되어
꾸준히 그 깊이가 더해지도록 하소서.

갈등이 밀려오는 상황일지라도
새로운 지식들을 열린 자세로 연구하며

오래된 지혜들을 성실함으로 배우게 하소서.

새롭게 밝혀지는 계시들을 무작정 거부하는 완고한 고집이 꺾어지고 신앙의 스승들보다 내가 더 지혜롭다는 경솔한 확신이 무너지게 하소서.

주님, 우리를 구원하시고 도와주소서
당신께 간절히 기도드립니다.

조지 리딩(1828-1904)은 영국 국교회 주교이자 학자이다. 그는 윈체스터 대학의 학장을 역임하면서 학교를 개혁하여 발전시킴으로써 명성을 얻었다. 교육 사역뿐 아니라 사회의 변화를 위한 활동들도 활발하게 했다. 이 기도문에서 고백하듯 그는 배우는 이들이 교만에 빠지지 않고 옛 지혜와 새로운 지식을 성실히 배워 슬기롭게 조화할 수 있기를 항상 간구했다.

자연의 조화를 통해 당신의 은총을

자연의 빛을 통해
은총의 빛을 갈망케 하사
신비의 빛에 이끌리어
당신 사역에 기쁨으로 참여할 수 있도록
우리를 인도하시는 창조주, 나의 주님
당신께 진정으로 감사드립니다.

조화를 이루는 법을 보여주며
우주 속에서 일치를 이루어내는 모든 것들은
주님을 찬양할지어다.

주로부터
주를 통해
주 안에서
눈에 보이지 않는 영적인 것뿐 아니라
눈에 보이는 물질적인 것 모두
주를 위해 있습니다.

그러한 세상 만물에 대해
우리가 이미 아는 것들도 있지만,

배우며 깨우쳐야 할 모르는 것들도
여전히 많이 남아 있습니다.

주님,
당신의 뜻을 더욱 선명하게 깨닫도록
우리의 앎이 더욱 깊어지게 도우소서.

요하네스 케플러(1571-1630)는 독일의 수학자이자 천문학자이다. 근대 과학의 선구자 가운데 한 사람으로 꼽힌다. 목회자가 되기 위해 신학공부를 했지만, 결국 수학과 천문학 교수가 되어 평생 우주의 신비를 연구하며 살았다. 이 기도문에서 보이듯 그는 자연의 조화를 깊이 연구함으로써 하나님의 은총을 더욱 선명하게 파악할 수 있다고 믿었다. 이러한 그의 신앙이 세상을 탐구하는데 더욱 깊은 열정을 불어넣어 주었다.

도움 주는 삶

주 예수님,
'받는 것보다 주는 것이 더 복되도다'라고 하신
당신의 말씀을 기억하며
약한 자들을 도울 수 있는 길을
제게 알려 주소서.

존 웨슬리(1703-1791)는 영국 출신의 성직자로 감리교회의 창시자이다. 종교 체험과 경건한 삶을 강조하며 당시 영국 사회에 대규모 신앙 부흥운동을 일으켰다. 가난하고 억압받는 이들에 대한 관심도 매우 깊어 구제 활동에 적극 나섰을 뿐 아니라 노동조합을 지원하고 노예제 폐지를 주장하는 등 사회 구조의 변화를 이끌어내는 일에도 매우 적극적이었다.

어려움을 넘어서도록

주님, 당신께 간절히 빕니다.
우리를 도와주시고 보호해 주소서.

억압받는 이들을 구원해 주시고, 힘이 없는 이들을 불쌍히 여겨주시고,
넘어진 이들을 일으켜 주시고, 궁핍한 이들에게 당신을 보여주시고,
아픈 이들을 치유해 주시고, 길 잃은 이들을 다시 제 길로 이끌어주시고,
굶주린 이들을 먹여 주시고, 약한 이들을 일으켜 세워 주시고,
갇힌 자들의 사슬을 풀어주소서.

세상의 모든 이들이 오직 당신만이 유일한 하나님이시며
예수 그리스도가 당신의 자녀이고
우리가 당신의 백성이며 양떼라는 사실을 깨닫게 해 주소서.

클레멘트(약35-약99) 는 초대교회 교부로 당시 로마 교회의 지도자였으며 순교자이다. 예수의 제자인 베드로에게 직접 지명을 받아 로마 교회를 돌보는 후계자가 되었다고 알려진다. 로마 황제를 숭배하는 예배를 거절함으로써 닻에 묶여 바다에 버려져 순교한 것으로 전해진다. 고린도교회에 보내는 서간문 등 그가 쓴 몇몇의 글들은 오늘날 우리에게 초대교회 시대의 상황이 어떠했는지 짐작할 수 있도록 도와주는 귀중한 사료로 인정받고 있다.

힘든 이들의 도움과 방벽

하나님,
우리 모두 당신 안에서 살고
당신 안에서 움직이며
당신 안에서 내가 나 됨을 고백합니다.

가난과 고통 안에 있는
모든 이들에게 자비를 베푸소서.

그들의 도움과 방벽이 되어주시고
육신의 필요를 위한 음식과 의복을 충분히 허락해 주소서.

날마다 당신에게 모든 근심을 내맡길 수 있게 하시고
우리가 그들을 도울 수 있는 길들을 열어주소서.

존 헌터(1849-1917)는 스코틀랜드 출신의 회중교회 목사이자 작곡가이다. 신학적 이론보다는 신앙의 실천에 더 많은 열정을 쏟았다. 다양한 찬송가를 작곡했을 뿐 아니라 예배 갱신을 위한 저술 활동도 활발히 했다. 영문학에도 관심이 높아 셰익스피어 작품들을 새롭게 엮어내기도 했다.

슬픔의 그늘을 벗어나도록

하나님,
병든 이를 사랑으로 돌보는 이들을 축복해 주소서.
다른 이들의 고통을 나누며 어려움을 겪고 있는 그들에게
평안을 주시고 기운을 북돋으소서.

주님,
병으로 힘들어하는 이들도 기억하소서.
특별히 우울증으로 고통받는 이들을 도우소서.

당신의 백성들 중에도
그늘 아래에서 살아가는 이들이 있습니다.
비탄에 잠긴 영혼과 슬퍼하는 마음을 가진 이들을 기억하소서.

당신 얼굴의 환한 빛을 비추시어
그들이 더 이상 슬픔에 머물러 있지 않게 하소서.

찰스 스펄전(1834-1892)은 영국 출신의 침례교회 목사이자 유명한 설교가이다. 18세부터 목회를 시작했던 그는 호소력 있는 설교로 가는 곳마다 큰 부흥을 일으켰다. 사회적 약자들에게도 큰 관심을 가져 탁아소를 짓고 구제 사업을 벌이기도 했다. 특히 노예 제도를 매우 강력하게 반대하여 미국 남침례교와 결별하였으며, 익명의 사람들로부터 모욕과 위협이 담긴 편지를 받곤 했다.

아픈 이들을 위하여

주님, 자비의 하나님.

부디 당신의 손을 내미시어
아픔을 겪는 모든 이들을 치유하여 주소서.

지금 겪고 있는 고통에서 건져내주시고
건강한 몸으로 회복되게 하소서.

주의 독생자의 이름으로 치유시켜주소서.

그리스도의 거룩한 이름이
아픈 이들 가운데 거하심으로
모두가 나아지고 활력을 되찾게 하소서.

그리스도를 통하여
주의 영광과 능력이 성령 안에서
지금부터 영원까지 함께하나이다.

세라피온(?-360)은 초대교회의 성직자로 이집트 트무이스 지역의 주교이다. 기독교 역사에서 최초의 수도사로 알려진 안토니를 따라 금욕 생활과 영성 훈련에 매진했다. 훗날 정통 교리를 지키는 일에 동참하면서 교회 사역에도 적극 참여하였다. 특히 그가 남긴 '예배서'는 초대교회 예배가 어떠했는지 알려주는 귀중한 사료로 활용되고 있다. 이 기도문 역시 그의 예배서 안에 포함된 것으로 당시 초대교회 교인들 사이에서 일반적으로 사용되던 치유 기도이다.

가난한 이를 위하여

주님,
불의를 정죄하고 심판하실 때
가난한 이들의 고충을 들어주소서.

주 하나님,
연민의 팔을 높이 들어
가난한 이들을 잊지 마소서.

죄악으로 유혹하는 손길들을
가난한 이들에게서 물리쳐주소서.

당신은 오늘도
친구가 없는 이들에게
도움을 베푸시는 분이십니다.

윌리암 로드(1573-1645)는 영국 국교회의 수장 격인 캔터베리 대주교이다. 그는 영국 왕의 권력을 등에 업고 자신과 의견이 다른 이들을 가차 없이 탄압했으며, 왕권 강화에 일조하기 위해 의회를 해산하는데 앞장섰다. 그의 박해를 피해 약 2만여 명에 달하는 청교도인들이 북미 대륙으로 떠났다. 그는 청교도혁명이 성공한 이후 체포되어 결국 처형당했다. 그의 삶과 대치되는 이 기도문은 우리에게 상당한 혼란을 가져다준다. 한 가지 분명한 것은 예수님께서 말씀하셨듯이 아름답고 경건해 보이는 기도들도 실상은 바리새인의 기도처럼 껍데기뿐인 위선이며 허영일 수 있다는 것이다. 이러한 점에서 그의 기도는 듣기 좋은 혀놀림보다 참된 신앙의 실천이 더 중요하다는 사실을 보여주는 하나의 예이다.

노동자를 위하여

오 주님,
전 세계 모든 노동자들을 기억하소서.

육체노동자들과 정신노동자들,
도시노동자들과 농업노동자들,
직장노동자들과 가사노동자들,
고용자들과 근로자들,
관리자들과 실무자들,
위험한 노동을 하는 사람들,
단순한 노동을 하는 사람들,
아직 취업하지 못한 사람들,
가난한 이들에게 봉사하는 사람들,
아픈 이들을 치료하는 사람들,
그리스도의 복음을 선포하는 사람들,
고국에 있건 외국에 있건,
모든 노동자들을 기억하소서.

존 베일리(1886-1960)는 스코틀랜드 출신 성직자이자 신학자이다. 영성과 도덕의 관계에 대한 심도 있는 연구를 통해 현대 신학계에 중요한 기여를 했다. 특히 그가 출간한 '개인을 위한 일상기도'는 경건 생활을 위한 기독교 고전으로 평가받을 만큼 매우 좋은 평을 받고 있다.

아이를 위하여

티 없이 맑고 신실한 어린 시절을 보내시고
어린아이들을 사랑과 친절로 대하셨던
우리 주 예수 그리스도시여.

이 땅의 아이들을 지켜주시고
그 순수함을 보호해 주소서.

위태로울 땐 힘을 주시고
방황할 땐 제 길을 다시 찾게 해주소서.

믿음과 사랑 속에 머물지 못하게 가로막는
모든 장애물들을 물리쳐주소서.

영원토록
이 땅에 거하시고
이 땅을 돌보시는
유일하신 하나님께
진심으로 기도드립니다.

스티븐 글래스톤(1844-1920)는 영국 성공회 성직자이다. 영국 총리의 아들이었던 그는 어려서부터 성직자를 꿈꿨다. 사제 서품을 받은 이후에는 대부분의 삶을 어느 한 시골 교구에서 목회사역에 전념하는 것으로 보냈다. 이 기도문에서 보듯 그는 평범한 목회자로서 자신이 영적으로 돌보는 아이들에 대한 사랑과 관심이 지극했다.

동물을 위하여

하나님의 허락 없이는
어떤 참새도 하늘에서 떨어지지 않는다 말씀하신
우리 주 예수 그리스도시여.

모든 종류의 야생동물과 반려동물에게
최선의 친절을 베풀 수 있도록 도와주소서.

주의 창조물들에게 선을 베풀었는지
우리에게 물어보실 그날을
항상 기억하며 살아가게 하소서.

모든 생명들을 잘 돌볼 수 있게
우리에게 축복을 내려주소서.

셀리나 피체베르트 폭스(1871-1958)은 영국의 의사이자 작가이다. 기독교 복음을 실천하기 위해 인도에서 의료선교 활동을 하였을 뿐 아니라 런던의 가장 가난한 동네에 여성들과 아이들을 위한 병원을 개설하기도 했다. 영성 훈련에도 관심이 많아 초대교회부터 현대에 이르는 수많은 기도문들을 엮어 출판하였다. 이 기도문은 그녀가 출판한 기도집 안에 수록된 것으로 동물들을 위한 사랑과 돌봄을 실천할 수 있도록 간구하고 있다.

목회자를 위하여

뿌린 것을 거두시는 하나님,
당신을 통해 강하게 준비된 일꾼들을
곡식이 무르익은 논과 밭으로 보내주소서.

우리의 목회자들이
진리의 말씀을 참되게 전하며
말씀의 빛으로 올바른 길을 걷도록
주여, 훈계해 주소서.

부디 그들이 당신을 사랑하는 이들로부터
존경을 받을 수 있도록 도와주소서.

랜슬럿 앤드류스(1555-1626)는 영국 국교회 주교이자 신학자이다. 히브리어와 헬라어에 능통하여 성서 연구에 깊이 몰두하였으며, 킹 제임스 성경 번역 작업에 참여하기도 했다. 그는 기도와 묵상 생활을 게을리하지 않았으며, 교회 안에서 높은 위치에 있었음에도 항상 겸손하고 검소하게 살며 성직자의 본을 보였다. 이 기도문에서 고백하듯 그는 목회자의 가장 중요한 직무를 올바른 말씀 선포로 여겼기 때문에 언제나 설교 준비에 많은 공을 들였다.

사업가를 위하여

전능하신 하나님,
이 땅의 모든 사업가들이
최대의 이윤을 내는 것에 몰두하는 것이 아니라
당신의 뜻이 무엇인지 더 깊이 고민하며 따를 수 있도록
성령의 은혜로 그들을 일깨워주소서.

진리와 사랑의 규범을 따라 장사하려 애쓰는 모든 이들이
건강한 성장을 이룰 수 있도록 축복해 주소서.

사업을 하면서 갈등과 고난을 겪을 때마다
이 땅이 아닌 하늘에 보물을 쌓는 것이
더 가치 있는 일임을 기억하게 하셔서
유혹을 물리치고 당신의 뜻을 온전히 따르게 하소서.

결코 실패하지 않는 참된 부를
세상 모든 이들과 함께 나눠 가질 수 있도록
자신들이 소유한 물질들을
올바르게 쓸 수 있는 지혜를 주소서.

리차드 벤슨(1824-1915)은 성공회 성직자이자 수도사이다. 영성 훈련과 검소한 삶을 추구하여 주교가 되는 것을 마다하고 성공회 최초의 수도원을 설립하였다. 그의 수도원 운동은 교회 중심의 영국 사회에 새로운 변화를 낳았다. 선교 사역에도 열중하여 미국과 인도, 남아프리카 공화국에 수도원을 세웠다.

사랑하는 이를 떠나보내며

하나님,
당신께서 우리에게 보내셨던 이들을
이제 당신께 되돌려보내려 합니다.

그들을 우리 곁으로 보내셨다고 해서
당신이 그들을 잃어버렸던 것은 아니었지요.

마찬가지로
그들이 당신께 다시 돌아갔다고 해서
우리가 그들을 잃어버린 것은 아닌 줄 압니다.

예수께서 가르쳐주셨듯
생명은 영원하며
사랑은 결코 죽지 않습니다.

죽음은 단지 하나의 지평선이며,
그 선은 우리의 눈으로 볼 수 있는 것과
볼 수 없는 것을 나누는 경계선일 뿐입니다.

더욱 선명하게 볼 수 있도록

우리의 눈을 열어주소서.

당신과 더욱 친밀해짐으로써
우리가 사랑했던 이들이
생각보다 우리 곁에 더 가까이 있다는 사실을 깨닫게 하소서.

우리를 위한 자리를 마련해 놓았다고
당신께서 말씀하셨지요.

당신과 언제나 함께 있을
그 행복한 곳을 위해
우리 또한 준비되게 하소서.

생명과 죽음의 주인이신 하나님께
간절히 기도드립니다.

윌리암 펜(1644-1718) 은 영국 출신 퀘이커 교도였으며 작가이자 정치가이다. 영국 왕실과 국교회가 자행했던 종교적 박해를 피해 수백 명의 동료들과 북미로 건너가 새로운 정치 체제를 구축했다. 종교의 자유를 위해 생사를 넘나드는 험난한 여정 속에서 많은 신앙의 동지들을 잃어야 했던 그는 이 기도문의 고백처럼 죽음 넘어를 바라볼 수 있는 믿음과 소망을 가질 수 있길 간절히 간구하였다.

참고 도서

Appleton, George. *The Oxford Book of Prayer*. Oxford University Press, 1985.

Carmichael, Alexander. *Carmina Gadelica.* Vol. 1. Oliver and Boyd, 1928.

Colquhoun, Frank. *Prayers for Every Occasion.* Morehouse-Barlow, 1974.

Fox, Selina Fitzherbert. *A Chain of Prayer Across the Ages: Forty Centuries of Prayer, 2000 B.C.-A.D. 1912.* Bell and Cockburn, 1913.

Greene, Barbara, and Gollancz, Victor. *God of a Hundred Names: Prayers of Many Peoples and Creeds.* Gollancz, 1962.

Habermann, Johann. *Morning and Evening Prayer for All Days of the Week.* Translated by Emil H. Rausch. Warburg Publishing House, 1918.

Kierkegaard, Søren. *The Prayers of Kierkegaard*. Edited by Perry Do. LeFevre. University of Chicago Press, 1956.

North, Wyatt. *The Life and Prayers of Saint Anthony of Padua.* Wyatt North Publishing LLC, 2012.

Potts, J. Manning. *Prayers of the Early Church.* The Upper Room, 1908.

Potts, J. Manning. *Prayers of the Middle Ages: LIght from a Thousand Years.* The Upper Room, 1908.

Voke, Christopher. *Prayers of Great Traditions: A Daily Office.* Bloomsbury Continuum, 2013.

Wace, Henry, and Schaff, Philip. *A Select Library of the Nicene and Post-Nicene Fathers of the Christian Church.* Vol. 1. The Christian Literature Company, 1890.

잘못된 책은 바꾸어 드립니다.
이 책은 저작권법에 따라 보호받는 저작물이므로 무단전재와 무단복제를 금합니다.

일상을 위한 기도
그리운 하나님

1판 1쇄	2020년 5월 29일
편 역	황민혁
펴낸이	김문선
펴낸곳	이야기books
등록	2018년 2월 9일 제2018-000010호
주소	경기도 안산시 상록구 부루지1길40 지층
전화	070-8876-0031
팩스	0504-254-2932
전자우편	story-books@naver.com
홈페이지	www.story-books.co.kr

© 황민혁, 2020
ISBN 979-11-963381-3-8 (04500) 전2권

가격 : 13,000원

이 도서의 국립중앙도서관 출판예정도서목록(CIP)은 서지정보유통지원시스템 홈페이지(http://seoji.nl.go.kr)와 국가자료종합목록 구축시스템(http://kolis-net.nl.go.kr)에서 이용하실 수 있습니다.
(CIP제어번호 : CIP2020019742)

일상을 위한 기도 노트

그리운 하나님

그리운 하나님과
마주하는 시간

일상을 위한 기도 노트 사용법

첫째, 몸과 마음의 호흡을 가다듬는 기도를 드립니다.
둘째, 기도문을 읽습니다.
셋째, 기도문이 준 깨달음과 마음의 소리를 적어봅니다.
넷째, 적어간 기도문을 마음 혹은 소리내어 읽습니다.

기도는 하나님과의 대화이며 사귐을 위한 중요한 수단입니다. 기도에는 다양한 방식이 있습니다. 그 방식들은 나름의 존재이유가 있습니다. 일상을 위한 기도 노트, "그리운 하나님"은 쓰는 기도입니다. 쓰는 기도는 흩날리는 생각의 조각들을 엮어주고 정리해줍니다. 쓰는 기도는 은혜의 순간들을 기록하여 기억하게 해줍니다. 쓰는 기도는 쓰는 행위가 주는 치유적 효과와 함께 마음에 위로를 줍니다. 쓰는 기도와 함께 하나님과 동행하는 일상의 은혜를 경험해보세요.

prayer NOTE

지금이 마지막인 것처럼 . 8

새로운 하루 . 9

오늘 하루 작은 일들 . 10

하루의 시작과 끝에서 . 11

일상 속 주님 . 12

아픈 이들 속에 계신 주님 . 13

영혼의 집 . 14

세 가지 상처 . 15

그것으로 충분합니다 . 16

주를 향한 마음과 행동 . 17

주만 바라볼 수 있도록 . 18

어둠으로부터 자유 . 19

희망을 향한 용기 . 20

작은 배 위의 이방인 . 21

당신의 얼굴 . 22

당신께 다가가는 길 . 23

우리 모두 이겨낼 때까지 . 24

당신과 함께 라면 . 25

너른 바다 한 가운데서 . 26

부와 가난, 그리고 망각 . 27

올바른 간구 . 28

기쁨으로 하는 사역 . 29

용기, 지혜, 능력 . 30

마음 속 불꽃 . 31

문지기가 되어 . 32

축복의 통로 . 33

고요한 호수처럼 . 34

당신의 손으로 . 35

참된 마음 . 36

문을 위한 기도 . 37

날마다 당신을 생각하며 . 38

온 삶이 그리스도 안에서 . 39

고요한 이슬처럼 우리 마음에 . 40

순교자의 기도 . 41

그리스도인으로 살기 위해 . 42

그리스도 예수 안에서 . 43

주의 그릇이 되어 . 44

사랑과 구원의 품으로 . 45

주를 따르는 삶 . 46

하나됨을 위하여 . 47

평화의 주님 . 48

정의와 진리의 나라를 향해 . 49

참된 행복 . 50

평화, 인내, 기도 . 51

이웃 사랑을 통하여 . 52

진리의 깨우침 . 53

앎과 믿음 . 54

새로운 앎과 오래된 지혜 . 55

자연의 조화를 통해 당신의 은총을 . 56

도움 주는 삶 . 57

어려움을 넘어서도록 . 58

힘든 이들의 도움과 방벽 . 59

슬픔의 그늘을 벗어나도록 . 60

아픈 이들을 위하여 . 61

가난한 이를 위하여 . 62

노동자를 위하여 . 63

아이를 위하여 . 64

동물을 위하여 . 65

목회자를 위하여 . 66

사업가를 위하여 . 67

사랑하는 이를 떠나보내며 . 68

지금이 마지막인 것처럼 토마스 아 켐피스(1380-1471)

조지 도슨(1821-1876) 새로운 하루

오늘 하루 작은 일들 존 헨리 조웻(1864-1923)

존 헨리 뉴먼(1801-1890) **하루의 시작과 끝에서**

일상 속 주님 존 노든(약1547-1625)

마더 테레사(1910-1997) 아픈 이들 속에 계신 주님

영혼의 집 어거스틴(354-430)

노르위치의 줄리안(1342-1416) 세 가지 상처

그것으로 충분합니다 로욜라의 이냐시오(1491-1556)

요하네스 크리소스토무스(349-407) 주를 향한 마음과 행동

주만 바라볼 수 있도록 파두아의 안토니오(1195-1231)

루트비히 판 베토벤(1770-1827) 어둠으로부터 자유

희망을 향한 용기 쇠렌 키르케고르(1813-55)

켈트 기독교 **작은 배 위의 이방인**

당신의 얼굴 요크의 앨퀸(약735-804)

에프렘(306-373) 당신께 다가가는 길

우리 모두 이겨낼 때까지 니콜라스 진젠도르프(1700-1760)

디트리히 본회퍼(1906-1945) **당신과 함께 라면**

너른 바다 한 가운데서 브레톤 어부들의 기도

제레미 테일러(1613-1667) 부와 가난, 그리고 망각

올바른 간구 바질(약330-379)

벤자민 젠크스(1646-1724) 기쁨으로 하는 사역

용기, 지혜, 능력 찰스 킹슬리(1819-1875)

찰스 웨슬리(1707-1788) **마음 속 불꽃**

문지기가 되어 콜롬바(521-597)

제임스 러셀 밀러(1840-1912) **축복의 통로**

고요한 호수처럼 요아킴 엠트(1595-1650)

리차드 백스터(1615-1691) **당신의 손으로**

참된 마음 토마스 아퀴나스(약1224-1274)

토마스 켄(1637-1711) 문을 위한 기도

날마다 당신을 생각하며 노먼 매클라우드(1812-1872)

파트리치오(약389-461) 온 삶이 그리스도 안에서

고요한 이슬처럼 우리 마음에 존 그린리프 휘티어(1807-92)

이그나티우스(약35-약108) 순교자의 기도

그리스도인으로 살기 위해 베네딕토(480-547)

폴리캅(69-155) 그리스도 예수 안에서

주의 그릇이 되어 필리프 멜란히톤(1497-1560)

찰스 브렌트(1862-1929) 사랑과 구원의 품으로

주를 따르는 삶 크리스티나 로제티(1830-1894)

디오니시우스(773-845) 하나됨을 위히여

평화의 주님 에드워드 화이트 벤슨(1829-1986)

유진 버저(1831-1889) 정의와 진리의 나라를 향해

참된 행복 헨리 마틴(1781-1812)

베른하르트 알브레취(1569-1636) 평화, 인내, 기도

이웃 사랑을 통하여 조셉 버틀러(1692-1752)

장 칼뱅(1509-1564) 진리의 깨우침

앎과 믿음 안셀무스(1033-1109)

조지 리딩(1828-1904) 새로운 앎과 오래된 지혜

자연의 조화를 통해 당신의 은총을 요하네스 케플러(1571-1630)

존 웨슬리(1703-1791) 도움 주는 삶

어려움을 넘어서도록 클레멘트(약35-약99)

존 헌터(1849-1917) 힘든 이들의 도움과 방벽

슬픔의 그늘을 벗어나도록 찰스 스펄전(1834-1892)

세라피온(?-360) 아픈 이들을 위하여

가난한 이를 위하여 윌리암 로드(1573-1645)

존 베일리(1886-1960) 노동자를 위하여

아이를 위하여 스티븐 글래스톤(1844-1920)

셀리나 피체베르트 폭스(1871-1958) 동물을 위하여

목회자를 위하여 랜슬럿 앤드류스(1555-1626)

리차드 벤슨(1824-1915) 사업가를 위하여

사랑하는 이를 떠나보내며 윌리암 펜(1644-1718)

잘못된 책은 바꾸어 드립니다.
이 책은 저작권법에 따라 보호받는 저작물이므로 무단전재와 무단복제를 금합니다.

일상을 위한 기도노트
그리운 하나님

1판 1쇄	2020년 5월 29일
편 역	황민혁
펴낸이	김문선
펴낸곳	이야기books
등록	2018년 2월 9일 제2018-000010호
주소	경기도 안산시 상록구 부루지1길40 지층
전화	070-8876-0031
팩스	0504-254-2932
전화우편	story-books@naver.com
홈페이지	www.story-books.co.kr

© 황민혁, 2020
ISBN 979-11-963381-3-8 (04500) 전2권